L'au-delà vous parle

De la même auteure:
Les morts nous donnent signe de vie, © Édimag, 2005, 2008
Horoscope intuitif 2007, © Édimag, 2006
Des esprits habitent nos maisons, © Édimag, 2006
Horoscope intuitif 2008, © Édimag, 2007
Nos morts ont besoin de nous pour avancer dans la lumière, © Édimag, 2007
Comment développer vos dons, © Édimag 2009
Nos morts reviennent nous voir, © Édimag, 2010

ÉDIMAG
edimag.com

C.P. 325, Succursale Rosemont
Montréal (Québec) CANADA H1X 3B8

Courrier électronique: info@edimag.com

Correction: Gilbert Dion, Michèle Marchand
Infographie: Écho International
Photo de l'auteure: collection personnelle de l'auteure
Images: Shutterstock

Dépôt légal: quatrième trimestre 2010
Bibliothèque et Archives nationales du Québec
Bibliothèque et Archives Canada

ISBN: 978-2-89542-349-2

Nous reconnaissons l'aide financière du gouvernement du Canada par l'entremise du Programme d'aide au développement de l'Industrie de l'édition (PADIÉ) pour nos activités d'édition.

686

MARYLÈNE COULOMBE

L'au-delà vous parle

Proches décédés
et Anges Gardiens
veulent vous aider...

... il suffit de comprendre
leurs messages.

ÉDIMAG
edimag.com

DISTRIBUTEURS EXCLUSIFS

POUR LE CANADA ET LES ÉTATS-UNIS

LES MESSAGERIES ADP

2315, rue de la Province
Longueuil (Québec) CANADA
J4G 1G4

MESSAGERIES adp inc.
Une compagnie de Quebecor Media

Téléphone: 450 640-1234
Télécopieur: 450 674-6237
www.messageries-adp.com
Courriel: adpcommercial@sogides.com

POUR LA SUISSE

TRANSAT DIFFUSION

Case postale 3625
1 211 Genève 3 SUISSE

Téléphone: (41-22) 342-77-40
Télécopieur: (41-22) 343-46-46
Courriel: transat-diff@slatkine.com

POUR LA FRANCE ET LA BELGIQUE

DISTRIBUTION DU NOUVEAU MONDE (DNM)

30, rue Gay-Lussac
75005 Paris FRANCE

DNM

Téléphone: (1) 43 54 49 02
Télécopieur: (1) 43 54 39 15
Courriel: dnm@librairieduquebec.fr

«Si ce livre se trouve entre vos mains, c'est que quelqu'un, de l'autre côté, veut vous envoyer ou vous faire comprendre un message. Le hasard est un mot inventé par l'être humain pour donner un sens à un événement magique que la logique ne peut pas expliquer.»

Extrait du livre
Les morts nous donnent signe de vie
de Marylène Coulombe

Le monde invisible tente de communiquer avec nous depuis la nuit des temps. Ce n'est plus un secret pour personne. Trop nombreux encore sont ceux qui ne voient pas ces signes ou ne les comprennent tout simplement pas. Pendant que l'âme d'une personne décédée tâche de rassembler une partie de ses énergies pour vous faire savoir qu'elle va bien ou qu'elle se trouve là, tout près de vous, beaucoup de temps terrestre s'écoulera avant que vous réussissiez à capter ce message. Malgré l'évolution de notre vie spirituelle au cours des dernières années, plusieurs êtres humains vont rester fermés et sceptiques face à ces manifestations. La peur, le désintéressement ou l'ignorance sont souvent à l'origine de ce phénomène. Et cela peine beaucoup les esprits, croyez-moi! Mais pour les autres, quel plaisir de croire que l'au-delà veut nous donner des nouvelles et nous faire des coucous! Et c'est à vous, qui cherchez des réponses et des signes de là haut, que je m'adresse.

Je possède, depuis mon tout jeune âge, le don de communiquer avec les esprits et tout ce qui existe dans un monde parallèle. Je peux les voir, les entendre, les ressentir et percevoir leur présence autour de moi. Cela peut se produire n'importe où et à n'importe quel moment. J'ai compris avec le temps que ma mission terrestre, ou, devrais-je dire, une partie de cette mission, consiste à aider ces entités en vous révélant leurs communications.

Habituellement, ces âmes désincarnées vont se manifester à moi par l'intermédiaire d'une séance de médiumnité ou lors d'une de mes conférences. Mais encore faut-il que les personnes concernées par les messages reçus soient présentes à celles-ci. Il m'arrive aussi de croiser des gens dans la rue ou dans un lieu public et de remarquer un esprit près d'eux. Celui-ci, dès qu'il s'aperçoit que je suis capable de le voir, s'empresse de me donner par télépathie un message dans le but que je le transmette immédiatement à la personne. Hélas! Jusqu'à aujourd'hui, je me suis toujours empêchée d'interpeller les gens pour leur dire: hé! Vous avez un être décédé près de vous en ce moment qui voudrait vous dire quelque chose.

Pourquoi? Parce que ce ne sont pas tous les humains qui croient à ce genre de manifestation et qui vont comprendre instantanément ce que je leur raconte. Je pourrais blesser des personnes involontairement ou pire, leur faire peur et les traumatiser pour toujours. C'est très délicat comme situation.

Dans ces moments-là, j'explique plutôt à l'esprit: si vous voulez que je transmette votre message, placez votre personne sur ma route. Et là, si celle-ci croise mon regard ou engage la conversation avec moi, je lui demande subtilement quelles sont ses croyances envers la vie après la mort. Si elle est réceptive à ce sujet, je lui remets immédiatement les informations provenant du défunt.

Mais pour les esprits, ce n'était pas assez. Certains n'arrivaient pas à envoyer leurs gens vers moi. Nombreux sont ceux qui avaient encore quelque chose à dire. Il y a des jours où je perçois plusieurs entités. Ils me parlent et me confient des messages. Mais que faire de ceux-ci?

L'idée de les réunir dans un livre est venue effleurer mon mental. Par conséquent, j'ai commencé à canaliser ces messages à différentes périodes et dans différents endroits. Ensuite, je les ai rapportés ici et là sur des feuilles volantes. Certains ont été reçus au lendemain d'une conférence, parce que tous n'ont pu être livrés lors de celle-ci. D'autres proviennent d'esprits que j'ai déjà rencontrés en consultation médiumnique. Tandis que plusieurs découlent d'entités qui connaissaient le but de cette publication.

C'est donc avec grand plaisir que je vous les offre ici dans ces pages. J'espère de tout cœur qu'il y en aura un spécialement pour vous qui tenez ce bouquin entre vos mains.

Certains lecteurs se demanderont à quelle période j'ai compilé ces écrits, car il peut arriver que des messages proviennent de personnes dont le décès est survenu bien après la rédaction de ce livre. Vous tombez alors sur un message particulier et vous vous dites qu'il est impossible que celui-ci puisse provenir de la personne concernée, puisqu'elle était vivante. Eh bien non, ce n'est pas impossible. Notre âme peut connaître inconsciemment le moment de sa mort et ainsi envoyer par télépathie des informations dans l'univers pour sa famille ou à ses amis, et moi, j'ai réussi à les capter. C'est pourquoi le moment où les messages ont été rédigés importe peu. Ce qui est essentiel, c'est qu'à la lecture du petit mot qui vous est adressé, vous soyez heureux de le recevoir.

Il est possible aussi qu'un être décédé tente de communiquer avec vous grâce à ce livre, mais qu'il n'ait pas pu utiliser mon canal directement. Il voudra alors passer par un message déjà laissé par quelqu'un d'autre pour vous dire sensiblement la même chose. Écoutez votre intuition, cette petite voix à l'intérieur de vous, elle vous guidera vers les bons écrits pour vous. Il existe d'ailleurs plusieurs autres signes venant de l'au-delà, que je vous révèle et vous explique plus amplement dans mon premier ouvrage: *Les morts nous donnent signe de vie*.

NOTRE ANGE GARDIEN

Il n'y a pas que les esprits qui veulent transmettre des messages, notre ange gardien aussi. Plusieurs de ces êtres de lumière ont voulu profiter du fait que j'étais en période de canalisation pour vous dire un petit mot. J'ai donc décidé de séparer le livre en deux et d'inclure leurs messages. Du côté gauche, vous retrouverez ceux des personnes décédées. Tandis que du côté droit, vous retrouverez ceux de votre ange gardien.

Quelle différence y a-t-il entre un proche décédé et mon ange gardien?

L'ange gardien est celui qui nous soutient et nous appuie, et ce, depuis avant même notre naissance terrestre. C'est lui qui nous a aidé à planifier notre mission de vie et il nous guidera sans répit, pour que nos choix de vie nous amènent à accomplir celle-ci. Notre ange gardien est unique, il veille sur nous à tout moment. Par contre, il est quelquefois accompagné de guides de lumière. Ceux-ci ont pour but de nous conseiller dans un domaine particulier. Ils resteront dans vos énergies pendant quelque temps et ensuite vont repartir vers d'autres gens, alors que votre ange gardien, lui, sera toujours près de vous et sera celui qui vous accueillera lors de votre passage vers l'au-delà. Conséquemment, votre ange gardien n'est pas quelqu'un que vous avez connu sur le plan terrestre, dans cette vie présente, car c'est un être de lumière que vous avez choisi avant de vous incarner. Ce qui fait que ce ne peut être votre papa ou votre maman, ni votre grand-papa ou grand-maman ou toute personne décédée après votre naissance.

Un ange gardien n'est ni homme, ni femme. Il peut avoir une énergie plus masculine ou plus féminine, c'est souvent ce qui nous fait dire qu'il s'agit d'une femme ou d'un homme. Notre ange gardien n'a pas de nom usuel, mais comme nous en avons besoin pour nommer une personne, vous pouvez lui en donner un. Vous pouvez aussi lui demander de venir vous en suggérer un dans un de vos rêves ou lors de votre méditation.

À leur tour, vos parents, grands-parents, conjoints, enfants ou amis peuvent devenir des guides, mais, encore une fois, pas votre ange gardien.

LA MÉTHODE POUR UTILISER CE LIVRE

Voici maintenant les différentes façons dont vous pouvez vous servir de ce livre. Tout d'abord, vous avez la possibilité de lire un par un les messages que les personnes décédées m'ont envoyés. Peut-être y en a-t-il un qui vous est adressé personnellement? Ensuite, faites la lecture des messages inspirants transmis par les anges.

PERSONNES DÉCÉDÉES

Vous pouvez poser une question à une personne décédée et lui demander de vous répondre par les écrits contenus dans ce livre.

- Fermez les yeux et tenez le livre entre vos mains.
- Intérieurement, posez votre question en vous adressant à la personne décédée.
  Exemple: Papa, est-ce que tu as quelque chose à me dire?
- Ouvrez le livre et faites la lecture du message de la page de *gauche*.

ANGE GARDIEN

Vous pouvez utiliser ce livre pour demander à votre ange gardien de vous guider sur le chemin de votre vie ou s'il n'a pas quelque chose sur laquelle il aimerait attirer votre attention.

- Fermez les yeux et tenez le livre entre vos mains.
- Intérieurement, posez votre question, le plus clairement possible à votre ange gardien.

Exemple: Que dois-je faire en ce moment, agir ou attendre?

- **Ouvrez le livre et faites la lecture du message se trouvant sur la page de *droite*.**

Finalement, vous pouvez vous servir du livre en entier pour poser vos questions. La personne décédée pourra autant utiliser le côté droit que le côté gauche.

Bonne lecture!

Avertissement de l'auteure

Certains des messages canalisés pour vous n'ont pas été modifiés (corrigés), ceci afin de reconnaître la personnalité et la manière de s'exprimer des personnes disparues. J'ai voulu respecter l'authenticité de ces gens. Je demande aux âmes sensibles de bien vouloir m'excuser du niveau de langage utilisé.

Message de :

CATHY

«J'ai encore besoin de vous. J'ai besoin de vos prières surtout. Je vous demande pardon d'être partie si vite. J'entends votre chagrin et je vois tout ce que vous avez fait pour moi. C'est dans les moments comme ceux que vous êtes en train de traverser que nous nous rapprochons de ceux que nous aimons. Merci beaucoup.»

TON ANGE AIMERAIT TE DIRE :

«Conserve tes énergies pour ce qui en vaut vraiment la peine. Je te trouve dissipé ces temps-ci. Si tu crois que ce que tu veux en ce moment est ce qui peut être le mieux pour toi, continue. Sinon, prends une pause et recentre-toi. Ne laisse pas l'opinion des autres contrecarrer tes projets.»

Message de :

PAPA

«Vous me manquez, mes amours. Je n'aurai pas eu le temps de vous connaître sur la terre, mais d'ici je peux vous voir grandir. Je suis tellement fier de vous tous. Mon départ vous a laissés seuls avec votre mère et votre grand-mère, mais sachez que je suis juste à côté, si près...»

TON ANGE AIMERAIT TE DIRE :

«En ce moment, tout peut
te sembler difficile, mais chaque fois
que tu surmontes un
de ces obstacles,
ton âme se réjouit
de ce cheminement.
Et n'aie crainte, il y a aussi
des petits bonheurs qui se glissent
entre ces difficultés,
ne les oublie pas.»

Message de :

FRANCINE À SA FILLE

«La douleur est maintenant terminée et je vais bien. J'imagine ton visage quand tu vas lire ce message et te demander encore une fois si ça se peut ou si c'est encore une coïncidence! J'aimerais être encore ici avec toi, mais ma mission étant terminée, je devais revenir. Je vais t'attendre. D'ici là, continue de faire du bien autour de toi, je vois tous ces gens être heureux grâce à toi, et c'est merveilleux.»

TON ANGE AIMERAIT TE DIRE :

«Ta joie rayonne tout autour de toi
et elle rejaillit sur les autres.
Offre un sourire à la prochaine
personne que tu croiseras dans
ta journée et vois sa transformation.
Ensuite, ferme les yeux et ressens
ce qui se passe à l'intérieur de toi.
Tu es une personne importante
et remarquable et tu fais du bien
aux autres.»

Message de :

FIRMIN

«Il y a si longtemps! Je pensais qu'on m'avait oublié, mais à toi qui lis ceci, je veux te dire que ton questionnement vis-à-vis tes ancêtres est louable et nous fait revivre un tant soit peu l'univers terrestre que nous avons quitté. Merci de nous accorder tes prières et ton temps.»

TON ANGE AIMERAIT TE DIRE :

«La communication est le meilleur des outils. Si tu sais comment l'utiliser, tu pourras construire des merveilles. Par contre, si tu as des difficultés à t'exprimer, tu ne pourras bâtir quelque chose de solide à long terme. Ne sois pas gêné avec les mots, joue avec eux. N'hésite pas à te servir de nouveaux termes tous les jours. Tu verras ton vocabulaire s'enrichir et tu auras plus de facilité à t'exprimer.»

Message de :

JÉRÔME ET JUSTIN

POUR MARIE PAULE

«Maman, on t'aime. On est encore avec toi. On le sait que tu nous aimais. Nous, on t'attend parce qu'on le sait que tu vas revenir. Ici, on peut jouer tant qu'on veut, on est heureux. On te fait une grosse caresse. Et c'est moi Jérôme qui joue dans tes cheveux [*rires*].»

TON ANGE AIMERAIT TE DIRE :

«Si tu crois assez en toi
pour avancer dans la vie,
je mettrai des outils sur ton chemin
pour t'aider à aller plus loin.
Ce sera à toi de découvrir ces outils.
Ton intuition se développera
au fur et à mesure
que tu la pratiqueras.
Et c'est ton outil premier,
sers-t'en à profusion.
Ensuite, utilise tes rêves
pour valider tes expériences.»

Message de :
PAUL

«Je veux parler à mon frère! Lui dire que je l'entends. Que j'existe, que je suis encore là. Je vais avec toi à l'ouvrage et je suis content parce que des fois tu m'écoutes, tu fais ce que je dis et j'aime ça! Ç'a pris du temps avant que je comprenne que je n'étais plus vivant, mais maintenant, c'est correct. Je me suis aperçu qu'il y avait du bien bon monde sur la terre, je n'ai pas eu le temps de m'en apercevoir avant, dommage.»

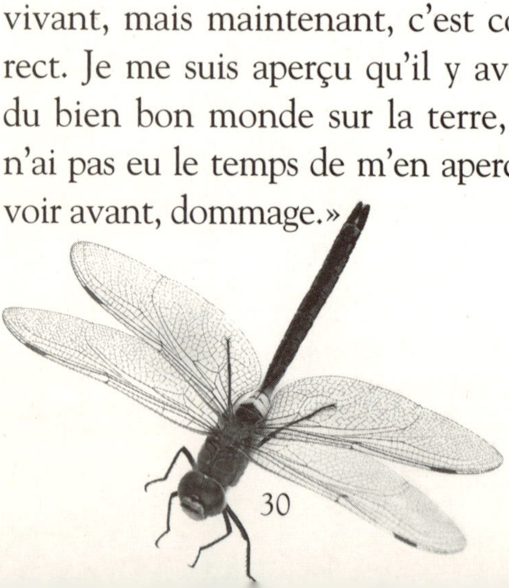

TON ANGE AIMERAIT TE DIRE :

«Jamais je ne te laisserai seul.
Mon travail est de t'accompagner
dans les bons comme dans les moins
bons moments de ta vie.
Tu n'as qu'à me parler,
je t'entends et m'efforce
de te donner les réponses
ou le coup de pouce
dont tu as besoin.
Aie confiance en moi et aux êtres
de lumière qui évoluent autour
de toi.»

Message de :

TON FILS BIEN-AIMÉ

«Maman, tu n'es pas obligée d'aller dans cette église pour me parler. Je suis là près de toi, sur ton épaule. Dieu entend tes prières, chacune que tu prends le temps de lui adresser. Tout ce que tu m'as appris, je le comprends maintenant. Comme tu me disais: ça va t'être utile, t'es mieux de l'apprendre comme il faut. Tu avais bien raison (moment de tendresse). Je t'aime, maman, pour toujours.»

TON ANGE AIMERAIT TE DIRE :

«Médite bien sur ta question.
À l'intérieur de toi se trouve
la réponse. Mets tes peurs
et tes craintes de côté et regarde
vraiment ce que ta petite voix
te dit. Aie assez confiance en elle
pour la suivre.
C'est à toi que revient la décision
finale. Sache qu'il n'y pas
de mauvais choix,
il n'y a que des détours.»

Message de :

HOMME

«Tu n'as pas choisi, tu n'as pas décidé de me laisser partir. C'est moi qui suis parti. Je n'étais pas prêt, c'est pour cela que c'était long. J'aimerais que tu cesses de te rendre coupable maintenant. J'ai passé de si beaux moments en ta compagnie. C'est de ça que je veux que tu te souviennes. Mes prières sont que ce message se rende jusqu'à toi et que tu y croies.»

TON ANGE AIMERAIT TE DIRE :

«Le bonheur se cultive.
Il te faut commencer par une action, aussi petite soit-elle et même si elle te semble insignifiante. Ensuite, il te faudra l'entretenir, en commençant par y croire bien fort et en persévérant sans relâche pour atteindre ton but. Pour terminer, il te faudra de la patience pour le voir fleurir et s'épanouir devant toi.»

Message de :

MUGUETTE

«Mes petits-enfants. Ceux que j'ai connus et ceux que je n'ai pas vu naître, je veux que vous sachiez que votre grand-maman veille sur vous. J'ai encore tant de choses à apprendre de vous. Vos rires élèvent mes vibrations et me font me sentir bien. Je vous embrasse tous bien fort. Mes enfants, sachez entendre l'appel de vos enfants et soyez patients avec eux, ils en ont tellement besoin dans ce Nouveau Monde.»

TON ANGE AIMERAIT TE DIRE :

«Ressaisis-toi, ce n'est pas
le moment de te laisser aller.
Tu es si près du but.
Il n'y a pas que moi qui veille
sur toi. D'autres êtres de lumière
m'aident à accomplir tes demandes.
Nous sommes là, écoute-nous!
Fixe-toi un objectif clair et précis.
Le passé est derrière et tu ne peux
le changer.
Regarde vers l'avant et fonce!»

Message de :

CLAUDETTE

«Du réconfort pour toi, ma très chère fille. Toi qui as fait tellement de choses pour moi. Ta douceur et ton ouverture d'esprit m'ont permis d'accepter si sereinement ma maladie. Sans toi, je n'aurais pu aller jusqu'au bout. Merci, merci, je t'aime. Maintenant, une nouvelle vie m'attend, celle-là sans douleur et sans problèmes. Je resterai près de toi et t'aiderai du mieux que je peux.»

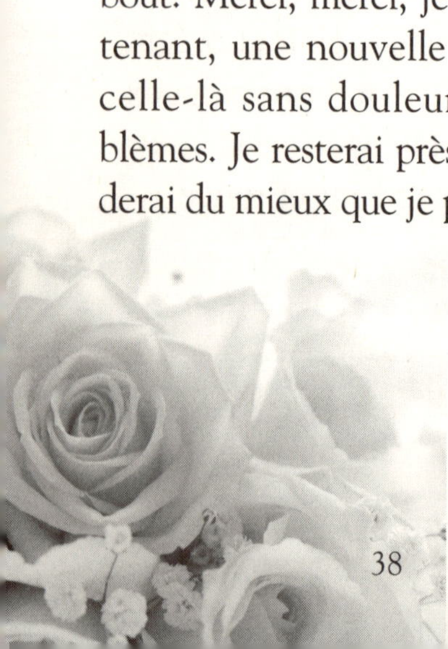

TON ANGE AIMERAIT TE DIRE :

«Un jour, tu verras le résultat
de tes efforts présents récompensés.
Ce que tu fais en ce moment
compte beaucoup pour ton avenir.
Applique-toi à le faire du mieux
que tu peux. Prends le temps
de méditer et d'améliorer la qualité
de ton sommeil. Choisis la marche
comme exercice de détente.
Tu ne seras pas déçu.»

Message de :

STEVE

«À tous mes amis. Faites attention à la vie et à ceux que vous aimez. Moi, je le réalise trop tard! J'ai pas fait attention et vous avez vu ce que ç'a donné? Faut pas juste le dire, il faut le faire! *Yo man*! J'ai aussi réalisé que j'étais aimé, mais ça, je l'avais pas bien compris. Ne juge pas trop vite les autres, regarde d'où ils viennent et ce qu'ils ont vécu avant de leur [censuré] dessus! Respect!»

(Tout au long, j'entendais Steve *«rapper»* le message.)

TON ANGE AIMERAIT TE DIRE :

«La peur est une émotion néfaste.
Surtout lorsque vient le temps
pour toi de prendre une décision.
Prends un moment de recul dans
le calme et écoute-moi.
Je suis toujours là pour te guider.
Si tu ne peux faire la paix
à l'intérieur de toi avant de faire
ton choix, retarde celui-ci
et attends d'être plus calme
avant d'y aller.»

Message de :

CHLOÉ

«Tu penses que je suis grande maintenant? Mon âme a grandi, mais pas moi! On me dit que je suis sage et que tu pourrais être fier de moi. J'aime passer près de toi et te sentir, toi, tu frissonnes et tu regardes tout autour. J'aimerais te dire plus souvent que c'est moi qui suis là. Je sais que plusieurs années de ton temps terrestre se sont écoulées depuis mon départ, mais pour moi, je serai toujours ta petite puce d'amour.»

TON ANGE AIMERAIT TE DIRE :

«Si tu es rempli de doutes
en ce moment, cela veut dire
que ce n'est pas le bon moment
ou la bonne personne pour établir
une relation. Attends que la bonne
période ou la bonne personne
se présentent à toi.
Si tu es à l'écoute, tu verras mon
signe pour te laisser aller.
Apprends à t'aimer plus que
le choix de cette relation.»

Message de :

PLUSIEURS ESPRITS EN MÊME TEMPS

«Ce que vous faites pour nous n'a pas de prix. Nous savons même que vous en faites plus qu'on vous en demande, car vous croyez en la survie de l'âme. Parfois, même quand vous êtes fatigués, vous prenez le temps de prier pour nous rassurer et nous envoyer de la belle énergie. Ça fonctionne! Vos intentions sont belles et louables et pour cela nous voulons vous dire: Merci et que Dieu vous garde!»

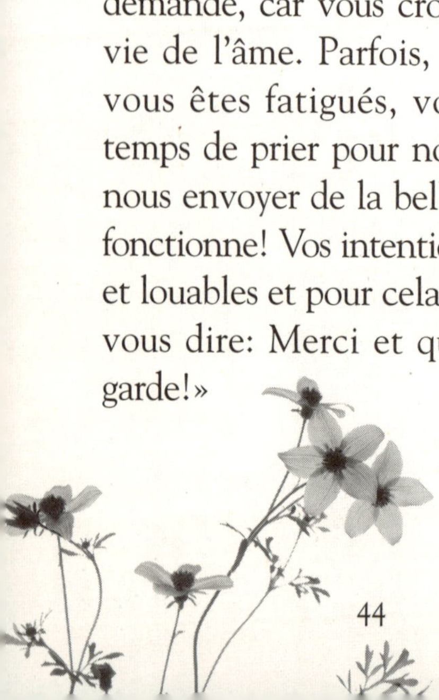

TON ANGE AIMERAIT TE DIRE :

«Les prières et les intentions ne suffisent pas, il faut y mettre de l'action. Pour chacun des gestes que tu poses, un résultat se fait sentir. Qu'as-tu fait comme action aujourd'hui? Souviens-toi de l'expression "Aide-toi et le ciel t'aidera".»

Message de :

TON MARI

«Tu sais, ce beau projet qu'on avait décidé de faire ensemble? Je voulais le faire pour toi. Secoue-toi un peu et reprends-le. Je suis sûr que cela pourrait te faire du bien. Je serai là, pas tellement loin, si tu as besoin de moi, et j'irai te féliciter dans tes rêves quand il sera assez avancé. La vie continue pour toi et pour moi, mais de façon différente. Tu me manques aussi, mais je sais qu'un jour on se retrouvera.»

TON ANGE AIMERAIT TE DIRE :

«Je suis là pour t'écouter,
te comprendre et te soutenir
sur le chemin de ta vie.
Apprends à me faire et à te faire
confiance. Les amis véritables sont
peu nombreux et ils ont
leurs propres préoccupations et
leur cheminement personnel.
C'est pourquoi je suis là d'abord
et avant tout.»

Message de :

ANDRÉ À SON CONJOINT

«On était différents, mais on s'aimait. Ici, je comprends mieux mon attachement et mon amour pour toi. Des âmes, ça n'a pas de sexe. Je t'avais choisi pour faire un bout de chemin de vie, qu'importe si tu étais un homme ou une femme. J'ai été très heureux avec toi et j'ose le dire fort: je t'aime. Si par moments je t'ai fait de la peine, je suis désolé. Je veille dorénavant sur toi et je me réjouis de te voir à nouveau heureux.»

TON ANGE AIMERAIT TE DIRE :

«La vie est belle lorsque
tu prends le temps de la regarder.
Quand tu la juges ou que
tu la critiques trop sévèrement,
elle perd de ses couleurs.
Ne reste pas replié sur toi-même,
il y a du réconfort et du plaisir
à partager ce que la terre a
à nous apporter.
Sors et bouge un peu!»

Message de :
ANONYME

«Ma Clopinette d'amour! Je voulais juste te faire un coucou et te dire bonjour. Je voulais passer par cette médium cette fois, mais je sais qu'habituellement tu captes assez bien mes messages. Le signe dans la cuisine, c'est bien moi! [*Rires et musique*]»

TON ANGE AIMERAIT TE DIRE :

«Observe tes pensées
en ce moment. Crois-tu qu'elles te
conduiront vers le succès?
Tout commence à l'intérieur de toi,
souviens-toi. Ajoute des phrases
positives à ton langage.
Parle de réussite et de triomphe.
Tout à coup, tout te semblera
plus facile et plus beau.
Courage et application dans
ton changement mental.»

Message de :

GRAND-PAPA

«Même si je suis parti en bougonnant, confiné dans cet abominable lit d'hôpital, je voulais dire à mes petits-enfants et futurs arrière-petits-enfants qu'il faut parler fort si l'on veut être entendu. Je ne suis pas arrivé à la fin de ma vie avec rien. Tout ce que j'ai eu, je l'ai travaillé et je l'ai mérité! Ne vous laissez surtout pas faire! Si vous avez besoin d'aide, appelez-moi, je suis encore utile!»

TON ANGE AIMERAIT TE DIRE :

«Ta santé est importante,
c'est avec ton corps physique
que tu peux accomplir ta mission
terrestre, donc prends-en soin.
Nourriture et exercice pour le plan
terrestre, mais nourriture et exercice
spirituel aussi pour ton âme
et tes émotions.
Si tu sens que quelque chose
ne fonctionne pas bien, prends
une pause et vérifie,
c'est important.»

Message de :

KARINE POUR GENEVIÈVE

«Merci, ma petite sœur! Tu as réussi! C'est merveilleux. Je me sens bien maintenant. Tout est tellement beau et clair! Je comprends beaucoup mieux mon rôle maintenant. Ne t'en fais pas, s'il y en a qui ne t'ont pas suivi, ce que tu as fait, toi et ceux qui y croient, a fait toute la différence. Je t'aime et je ne t'oublie pas. J'embrasse mes enfants tous les soirs et je veille sur eux.»

TON ANGE AIMERAIT TE DIRE :

«La musique est un puissant outil de guérison et d'élévation. Quelle est cette musique que tu écoutes en ce moment? Écoute bien les paroles que tu fredonnes, car elles comportent des réponses à tes questions ou à ce que tu vis en ce moment. À utiliser sans modération. Soulage la peine et l'ennui que tu peux ressentir ces derniers jours.»

Message de :

ÊTRE DE LUMIÈRE

«Notre royaume est votre royaume. Vous pouvez y venir aussi souvent que vous le désirez. Par les rêves, la méditation ou toute autre forme de transe. Nous voulons que vous sachiez que nous veillons sur ceux que vous avez aimés, mais que certains d'entre eux ne peuvent communiquer leur message. Nous le faisons donc en leur nom.»

TON ANGE AIMERAIT TE DIRE :

«N'attends pas après les autres
pour être heureux. Nous ne sommes
pas dépendants des autres, mais
libres et autonomes dans nos choix
et décisions. Dès maintenant,
choisis un projet dans lequel
tu te réaliseras et fais des recherches
pour savoir par où commencer.
Et pose-toi comme question :
"Est-ce que je le fais pour moi et
rien que pour moi?"
Si oui, tu as fait le bon choix.»

Message de :
HOMME

«J'espère que tu vas te reconnaître! Il y a déjà plusieurs jours que j'essaie de te faire comprendre que je suis là, que c'est moi! Tu doutes, tu trouves des raisons terre-à-terre. Je sens que tu as peur, peur d'être déçu si jamais ce n'était pas vrai. Mais en ce moment, tes yeux sont perplexes de lire ce paragraphe et de te sentir personnellement interpellé à l'intérieur de toi. Fais confiance à ce que tu vois et à ce que tu ressens. S'il te plaît!»

TON ANGE AIMERAIT TE DIRE :

«Le sport est un outil intéressant pour développer ta compétitivité. Apprends à t'en servir pour atteindre tes objectifs. De plus, cela tient l'esprit et le corps en bonne forme physique. Ton âme ne pourra que te remercier d'avoir pris cette initiative. Prends soin de ton sommeil, il est aussi important.»

Message de :

MONIQUE À SON AMOUREUX

«Mon cœur m'a laissé tomber et je n'ai pas eu le temps de te dire quelque chose d'important : tu m'as rendue heureuse et plus, même. Je pensais que j'allais avoir le temps de te le dire, mais hélas, je ne suis pas revenue assez longtemps. J'ai beaucoup aimé ce que tu as fait avec ma photo et je sais que tu l'embrasses chaque soir. Cette énergie monte jusqu'à moi et me permet de m'élever dans la lumière. Je t'aime.»

TON ANGE AIMERAIT TE DIRE :

«Avant de faire quelque chose pour un autre, demande-toi d'abord: si tu étais à sa place, est-ce que cela te ferait plaisir qu'on fasse cela pour toi? C'est bien de penser à aider les autres, mais il faut aussi savoir se mettre à la place des autres, car nous avons besoin d'eux pour avancer dans notre mission terrestre.
Je serai là pour te guider.»

Message de :

GIGI

«Hello! Si vous saviez comme nous sommes bien ici. Plus personne pour nous dire quoi faire et comment le faire! Je pense à vous, bien sûr! Mais j'avance vers ma lumière afin de devenir une meilleure personne. Vos pensées me sont d'une grande utilité. Mes réunions amicales me manquent beaucoup, j'espère un jour que nous serons réunis à nouveau.»

TON ANGE AIMERAIT TE DIRE :

«Sache t'entourer de choses positives. L'humour est un outil intéressant pour te sortir des impasses de la vie. L'écoute d'un rire peut faire des miracles parfois! Et quand est-ce la dernière fois où tu as ri un bon coup? Si je pouvais, je te chatouillerais un peu afin d'entendre cette douce musique sortir de ta bouche et cette énergie rayonner autour de ton âme.»

Message de :

GARÇON (ALAIN?)

«Je pensais que vous ne m'aimiez pas, que je n'étais pas un enfant désiré. D'autres parents se sont occupés de moi à votre place et j'ai été assez heureux, mais je m'étais toujours demandé pourquoi ce n'était pas vous qui m'aviez élevé. Ici, j'ai compris. Et je voulais vous dire que je ne vous en voulais pas et que maintenant, c'est moi qui veille sur vous. Paix dans votre âme.»

TON ANGE AIMERAIT TE DIRE :

«Un jour tu crois et le lendemain tu doutes. Je ne peux t'aider adéquatement dans ces moments-là. Tes croyances aident à renforcer les énergies que je mets en toi. Quand tu te sens perdu, c'est que tu ne crois plus. Recentre-toi et fais un peu de méditation, tu verras, la confiance reviendra. Fais confiance aux paroles que tu entends à l'intérieur de toi.»

Message de :

PIERRE À SA FILLE CLAUDE

«Quel beau travail d'accompli. Si tu voyais ça d'ici! Le sentier que nous avons pris ensemble se poursuit de ce côté-ci. Je continue de te parler et de t'écouter. Le fil de nos conversations ne s'est jamais rompu, il n'y a que le temps qui nous sépare vraiment. Au plaisir de t'y retrouver.»

TON ANGE AIMERAIT TE DIRE :

«Tes mercis et tes prières
à mon égard me rendent heureux.
Sache que je t'entends.
C'est le salaire de mon travail avec
toi. Ce qui me comble de joie,
c'est que nous allons nous retrouver
un jour et que nous pourrons
discuter tranquillement de tes choix
de vie, de tes réussites et
de tes erreurs.»

Message de :

CLAUDE GAGNON

«À mes filles, je vous aime tellement! Et je suis fier de vous. Encore plus maintenant. Je vous félicite pour ce que vous faites. C'est beau et c'est bien. Je vous entends et moi aussi je m'ennuie. Vos prières me font du bien. J'ai retrouvé ma mère et nous veillons sur vous tous. J'ai compris bien des choses à votre égard et cela n'a fait qu'agrandir l'amour que j'ai pour vous. Ce n'est qu'un au revoir.»

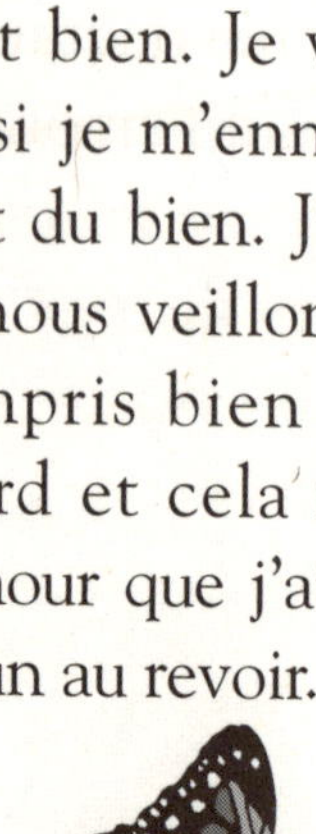

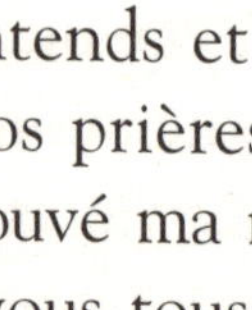

TON ANGE AIMERAIT TE DIRE :

«La plus petite action ou intention faite par toi atteint une cible à tout coup! Je suis derrière toi et j'amplifie ce geste afin qu'il soit encore plus grand! Je voudrais que tu te concentres sur l'émotion que tu ressens quand tu fais du bien autour de toi et que cette émotion habite tout ton corps en entier durant de longues minutes.»

Message de :

HÉLÈNE

«Que de souvenirs! Ma vie auprès de vous aura valu la peine d'être vécue. J'ai été heureuse à vos côtés et je ne vous en remercierai jamais assez. Je me suis bien amusée et je continue ici! Il m'arrive de prendre part à vos soirées, surtout lorsque vous me mentionnez. Je prie pour vous et je pense à vous. À la personne qui lit ce message, pourriez-vous le transmettre aux autres lors de vos prochaines rencontres? Merci.»

TON ANGE AIMERAIT TE DIRE :

«Au fur et à mesure que
ta spiritualité évolue, mon travail
avec toi en est facilité.
À nous deux, nous pouvons
atteindre tes objectifs de mission
terrestre beaucoup plus rapidement.
En cet instant, tu as un outil
incroyable dans les mains, n'hésite
pas à l'utiliser davantage pour
te rapprocher de moi et de ceux
qui sont décédés.»

Message de :

SYLVIE

«À mes enfants surtout. Vous étiez si petits quand je suis partie. Vous êtes maintenant de beaux grands enfants. Je suis près de vous depuis tout ce temps, mais ce n'est que depuis quelque temps où je sens une ouverture de votre côté et cela me fait plaisir. Je vous encourage à continuer dans ce sens, car je ne me lasse pas de vous faire sentir ma présence. J'embrasse ma famille, certains sont venus me rejoindre déjà et nous voulons vous dire que nous sommes là.»

TON ANGE AIMERAIT TE DIRE :

«Une mission terrestre, c'est un plan que nous avons fait toi et moi, ensemble, afin de faire évoluer ton âme spirituellement. Je t'invite à te centrer à l'intérieur de toi, pour en retrouver le sens et ainsi poser les gestes qu'il faut pour y arriver. Tes énergies ont besoin d'être dynamisées, une bonne lecture spirituelle s'impose.»

Message de :

MARIE PIERRE

«Je ne souhaite pas ça à personne! Par chance, il y a la musique et les prières, ça nous aide à avancer. Moi je vais bien, mais pas les autres. J'essaie de les aider et des fois ça marche. Quand j'ai besoin d'énergie, je me colle sur toi, maman, et sur toi aussi, papa. Dans ce temps-là, je vais beaucoup mieux. J'ai beaucoup de choses encore à apprendre et je vais bien. Mais je vous en supplie, priez pour les âmes perdues, elles en ont tant besoin.»

TON ANGE AIMERAIT TE DIRE :

«Chaque jour qui passe est
une expérience qu'on ajoute à notre
karma. Beaucoup de ces expériences
se répéteront dans ta vie, prends-en
bonne note afin de répéter celles
qui sont les plus positives.
Ta façon de voir les choses et
la vie prend un tournant différent
et j'en suis bien heureux.»

Message de :

MARTIN

«Il y a tellement de solutions pour s'en sortir. Je n'ai pas pris la bonne et je demande pardon. Pardon de ne pas vous avoir parlé avant. Mais je suis là et c'est mieux. Je suis dans la lumière, maman, tu peux cesser de t'inquiéter [*sourire*]. C'est bien moi, et dans les derniers jours, tu as bien compris mes signes. Je t'envoie un beau soleil.»

TON ANGE AIMERAIT TE DIRE :

«La lumière que tu demandes chaque jour provient de mon aura. Et j'ai le plaisir de la partager avec toi, et ce, aussi souvent que tu le demandes ou que je le juge nécessaire. Ferme les yeux et visualise qu'une belle et chaude lumière encercle tout ton corps. C'est moi qui suis là, et j'agis en forme de protection avec cette lumière.»

Message de :

BÉBÉ (12 SEMAINES DE GESTATION)

«Maman, je sais que tu m'attendais avec une grande impatience. Malheureusement, quelque chose a cessé de fonctionner dans ton ventre et ce n'est pas de ta faute. Mais moi, je suis toujours là, près de toi! Je veille sur toi et sur mon papa. Toi et moi, on va se revoir! [*Rires*]»

TON ANGE AIMERAIT TE DIRE :

«Les gens qui t'entourent ont besoin de toi et toi tu as besoin d'eux. Bons ou mauvais, ils ont quelque chose à t'apprendre. Alors, au lieu de les juger, observe-les et écoute ce que ça te dit à l'intérieur de toi. Après tu pourras garder près de toi ceux que tu considères le plus. Ensuite, il y en aura des nouveaux auxquels il te faudra faire de la place encore une fois.»

Message de :

UNE JEUNE FILLE À SON PÈRE

«Papa, tu as su si bien prendre soin de moi! Tes massages étaient si doux et tes paroles tellement réconfortantes. Comment te dire merci? Je te serre dans mes bras fort fort et je veux que tu saches que je t'entends et que j'écoute ce que tu me racontes. J'ai fait ce que tu m'as dit, je suis allée dans cette lumière et j'ai rejoint grand-mère.»

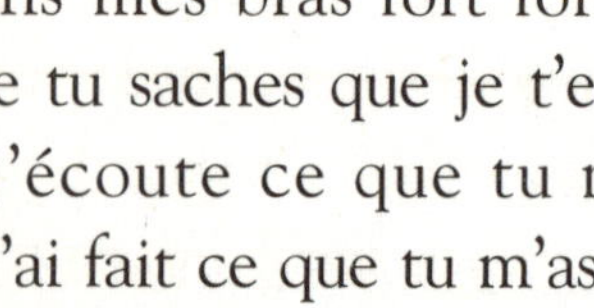

TON ANGE AIMERAIT TE DIRE :

«Parce que tu crois qu'il n'y a que toi qui as raison, tu te fermes aux idées des autres. Mais qui te dit que je ne passe pas par eux pour te dire quelque chose ou te faire comprendre certaines choses?
Ce n'est pas en restant ancré dans tes croyances anciennes que tu vas réussir à avancer dans ta vie spirituelle.
Écoute et réfléchis avant de parler.»

Message de :

JEUNE HOMME

«Je n'y croyais pas, mais si vous lisez mon message, c'est que vous pouvez y croire. J'ai péri dans un accident de la route en allant travailler. Ça m'a pris du temps à comprendre parce que je n'y croyais pas. J'entendais les gens parler loin, ils disaient que je ne m'en sortirais pas. J'ai vu mon grand-père, il m'a dit de le suivre. Ça va mieux maintenant. Et je suis désolé de ne pas avoir cru à ce monde avant d'y être arrivé.»

TON ANGE AIMERAIT TE DIRE :

«La vie est un immense terrain de jeu. Retrouve l'enfant en toi et amuse-toi! La plus petite émotion de plaisir fait un bien immense à ton âme. En y regardant d'un peu plus près, tout peut devenir un jeu pour toi. Mets un costume et fais le fanfaron. Parfois, prendre la peau d'un autre personnage peut t'aider à faire des choses que tu ne ferais pas en "toi réel".»

Message de :
LOUISE

«Je continue d'enseigner d'où je suis maintenant, les jeunes âmes en ont besoin. La maladie a affaibli mes corps subtils, mais grâce aux chandelles que vous allumez et aux prières que vous faites en pensant à moi, je remonte tranquillement. Merci d'avoir pris la décision de me laisser partir et de m'y aider. Je t'aime, ma sœur!»

TON ANGE AIMERAIT TE DIRE :

«Ferme les yeux durant quelques instants et concentre-toi sur l'émotion du moment. Éloigne-toi de ton mental. Cela t'aidera à prendre ta décision. Se retrouver, l'espace d'un instant, fait tellement de bien à ton âme. Il est très important que tu prennes des petits moments juste pour toi. C'est ta vie et personne d'autre ne peut la vivre à ta place.»

Message de :
PAPA

«Je vois ce que vous avez fait avec l'entreprise. Je voulais vous dire merci, c'est beau. Je savais que j'avais de bons enfants et vous êtes en train de me le prouver. Je sais que ce n'est pas toujours facile, mais vous pouvez compter sur moi. À toi, mon fils, continue et fais-toi confiance et mets ça à ton goût! Je prends plaisir à être auprès de vous dans toutes circonstances. Les nuages en forme d'oiseau, c'est mon œuvre! [*Rires*]»

TON ANGE AIMERAIT TE DIRE :

«Sois heureux, souris à la vie,
car la vie peut te rendre ce sourire.
Sur le chemin de cette vie, il y a des
surprises qui peuvent t'aider à
atteindre le bonheur.
Particulièrement aujourd'hui.
Reste attentif aux événements,
le plus petit soit-il, tu verras une
situation se régler par elle-même.
On appelle aussi cela
le lâcher-prise.»

Message de :

GRAND-MAMAN

«Vos dessins autour de ma photo sur le frigidaire me comblent de joie! Vous pensez que je n'ai pas vu le petit dernier? Détrompez-vous! Je l'ai vu avant vous autres [*rires*], je suis tout près et je visite mon mari dès que je le peux. Je vous aime et vous me manquez! Mais il y a tellement à faire ici que je n'ai pas vraiment le temps de m'ennuyer, si vous voyez ce que je veux dire!»

TON ANGE AIMERAIT TE DIRE :

«Je suis celui qui comprend tes peines, je suis aussi celui à qui tu peux te confier sans crainte. Je suis là et tu n'entendras pas de soupirs d'impatience. Au contraire, je t'encourage à continuer de me parler tout le temps que tu voudras. C'est cela, ma mission à moi, maintenant. Par où tu passes, je suis déjà passé et ce que tu vis, je l'ai déjà vécu, je suis à même de te comprendre.»

Message de :
BÉBÉ FILLE

«Je t'aime, maman, je t'aime, papa, et j'aime mon petit frère, je ne suis pas restée longtemps, mais juste assez pour avoir plein de becs et des caresses. Je vais vous voir souvent à la maison. Ne sois pas triste, maman! On va se revoir quand ta mission va être terminée. Pour mon petit frère, je ne peux m'empêcher de te taquiner quand tu prends ton bain, j'aime tellement être en contact avec toi. T'es drôle [*rires*] tu me fais toujours rire.»

TON ANGE AIMERAIT TE DIRE :

«Le calme et la méditation apporteront la paix nécessaire à ton intérieur. Sache t'entourer d'énergie positive à tout moment. L'équilibre de tes chakras est aussi très important. Vérifie si, en ce moment, tu n'as pas besoin de les faire aligner. Un mal de tête tient bien souvent son origine d'une âme qui a mal intégré son corps humain. Fais une pause et permets à cette âme de revenir à l'intérieur de son corps physique.»

Message de :

ANONYME

«La chanson de Luce Dufault, *Belle Ancolie*, est celle que j'utilise pour te parler. Ne doute pas des paroles qu'elle chante, elles sont pour toi. Notre complicité se poursuit bien au-delà de la vie terrestre, nous communiquons d'une autre façon, c'est tout! J'avance dans ce que vous appelez la lumière et je vais bien, rassure-toi. Ce signe en est seulement un parmi beaucoup d'autres que j'ai plaisir à t'envoyer.»

TON ANGE AIMERAIT TE DIRE :

«Ton rythme de vie en ce moment me paraît effréné. Après quoi cours-tu comme cela? Est-ce que tu peux t'arrêter un instant et regarder autour de toi? Vois comme la nature est calme et belle. Ma joie est sans bornes quand je t'entends me parler dans la paix et la douceur. Tu n'atteindras pas le paradis plus vite même si tu fais tout plus vite!»

Message de :

ROSALIE

«Pénible, mon départ. Pour vous et pour moi. Ma consolation, c'est que nous allons tous pouvoir nous retrouver. Alain, tu en as assez fait, tu peux te reposer maintenant. Ta vie continue et je suis fière de ce que je vois. Ma petite-fille, je veux te dire que c'est vrai que tu peux me voir et percevoir ma présence. Je ne veux pas t'effrayer et je respecte tes craintes.»

TON ANGE AIMERAIT TE DIRE :

«Le temps terrestre est précieux, tout comme ta santé. Alors, ne le gaspille pas trop en choses futiles. Remercie la vie de te faire une place parmi les êtres terrestres et profites-en pour savourer les expériences que tu vis. Tu es bien chanceux d'être là où tu es en ce moment, même si cela te semble difficile. Ton cheminement se passe comme il se doit.»

Message de :

ANONYME

«Pour toi, Lise, merci, ma douce, ma toute belle. Je me repose enfin! Je contemple mon jardin, ma forêt, ma nature. Beaucoup de choses restent à comprendre. Ton geste lors de mon départ m'a beaucoup touché et je t'en remercie. Surveille ma présence dans ton sommeil, je ne manque pas une occasion pour me rapprocher de toi. Si tu as besoin de moi, demande-moi, je veux être là pour toi, éternellement.»

TON ANGE AIMERAIT TE DIRE :

«Quelque part à l'intérieur de toi, il y a quelque chose de brisé. Mais avec tous les outils que tu possèdes, tu peux aller le réparer. Ton amour de toi-même t'aidera à cicatriser cette blessure. Souviens-toi, tu es la personne la plus importante sur terre et la plus merveilleuse. Tes pensées t'appartiennent et personne ne peut te les prendre, tu peux changer d'idée aussi souvent que tu le désires sans que personne ne puisse te juger.»

Message de :

ANONYME

«L'arbre que tu as planté en pensant à moi est beau et deviendra immense. Tu as bien choisi, même si tu as hésité sur la sorte! Mais avant tout, il représente notre relation à tous les deux, solide et vivant! Grâce à lui, nous veillerons sur vous et sur la maison! Tâche de ne pas trop en faire avec le travail. Pense à toi un peu!»

TON ANGE AIMERAIT TE DIRE :

«Tu as besoin de ressentir les choses pour comprendre et grandir. Un peu à la fois. Selon moi, c'est la façon idéale d'équilibrer tes émotions et ton cheminement. Sois sûr que je suis derrière toi pour t'aider à y voir plus clair et à tempérer ces émotions. Fais le bilan de ces expériences et ajoute les émotions aux bons endroits.»

Message de :

ANNE SOPHIE

«Je m'ennuie de vous autres en bas! C'est curieux de voir la motivation des gens entre eux, j'observe beaucoup et j'analyse, ça me passionne. J'aime aussi aider mon papa quand il me laisse faire [*rires*]. Je pense à vous et je vous embrasse. Je veux aussi dire à mes amies que je continue de penser à eux autres. Vous me manquez solide!»

TON ANGE AIMERAIT TE DIRE :

«Un rire ou un sourire,
c'est contagieux. Plus il est grand,
plus il touche de gens.
Et le rayonnement n'en finit plus
de grandir. Il touche même le
monde de l'au-delà.
C'est une forme de prière
qui va rejoindre les autres
intentions. Dessine un monsieur
Sourire sur une feuille ou un bout
de papier et emporte-le avec toi
partout où tu iras aujourd'hui.»

Message de :

PAPA LOUIS

«Grâce à toi, j'ai pu m'ouvrir à ce monde spirituel. Il est grand et vaste, ce monde. Mon cheminement va désormais très bien, mais je sais que tu es triste de mon départ. Compte sur moi pour rester près de toi et près de ta petite famille. Grand-papa et grand-maman vous embrassent. Le dernier film que tu as écouté, tu as pensé à moi si fort, mais je veux que tu saches que je l'ai écouté avec toi.»

TON ANGE AIMERAIT TE DIRE :

«Quoi que je dise ou quoi que je fasse, tu auras toujours le dernier mot. Ce qui est important, c'est que tu m'écoutes, et qu'ensuite tu prennes ta décision.
Je suis toujours là pour te guider et te rappeler quelle mission de vie tu as. Tu n'as pas à blâmer les autres pour des erreurs que tu as commises, il te faut les reconnaître et passer à autre chose.»

Message de :

AMIE DÉCÉDÉE D'UN CANCER DU CERVEAU

«Nos fous rires me manquent énormément. Tu es une personne si précieuse à mes yeux. Ma conscience est remplie de beaux souvenirs grâce à toi. Quand ton tour arrivera, sache que je serai là pour toi! En attendant, amuse-toi, profite de la vie, savoure chacun des instants qu'elle te procure sans te soucier de demain. Les petites fleurs jaunes sont mon symbole pour te faire savoir que je suis là. À bientôt!»

TON ANGE AIMERAIT TE DIRE :

« Tu es une âme libre.
Personne à part toi ne peut t'obliger à faire des choses.
Mais chaque personne que tu croises est une occasion d'évoluer en acceptant de faire ce qu'elle te demande. Si tu connaissais clairement quelle est ta mission de vie terrestre, tu ne te permettrais pas d'ajouter de nouvelles choses à cette vie et tu vivrais moins longtemps. »

Message de :

GRAND-PAPA

«Je m'ennuie de mes petits-enfants. Xavier et Francis, entre autres. Même si je vous vois pratiquement toutes les nuits, votre retour à la réalité me sépare de vous. Je prends soin de grand-maman et je prie pour vous. La vie nous amène à réfléchir sur le sens de notre passage sur terre. Moi, j'ai compris bien des choses et je ne regrette rien. Je serai meilleur dans la prochaine! [*Rires*]»

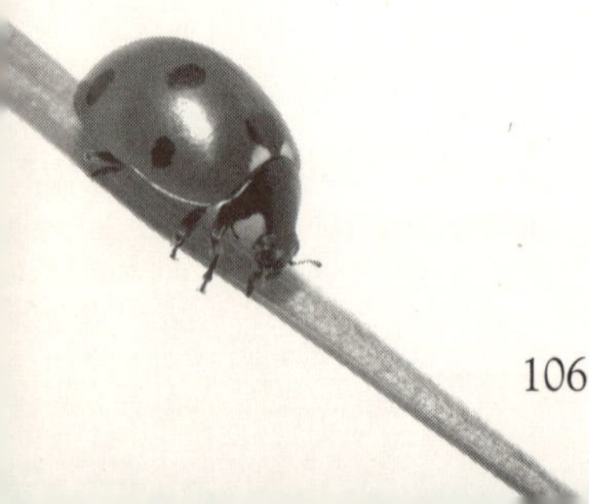

TON ANGE AIMERAIT TE DIRE :

«Tu es actuellement sur la terre pour vivre des expériences terrestres. Notre communication est un cadeau, un rendez-vous, mais tu dois t'enraciner et te tourner vers la terre pour y accomplir ta mission de vie. Nous nous rejoignons toutes les nuits pour faire un mini bilan de ta journée et planifier ce que tu feras dans un avenir proche. C'est ce que vous appelez des rêves prémonitoires.»

Message de :

MAMAN

«Ma petite! Merci de m'avoir tenu la main jusqu'à la fin. Notre dernière discussion ponctuée de longs silences m'a fait tellement de bien. Ces moments sont gravés dans mon cœur. Tu as été merveilleuse tout au long de ma maladie et je remercie Dieu de t'avoir permis de croiser ma route. Il me tarde maintenant de te revoir, mais je sais que je dois attendre la fin de ta mission. Je t'aime.»

TON ANGE AIMERAIT TE DIRE :

«Un jour, nous nous retrouverons. Je pourrai te raconter ta vie. Nous rirons et nous pleurerons ensemble. Je suis très heureux d'être près de toi et de t'aider à accomplir ta mission terrestre. Très heureux que tu m'aies choisi. Je suis si fier de toi en ce moment de ta vie. Tu es un bon élève!»

Message de :

CÉDRIK POUR COLOMBE, PAMÉLA ET PAPA

«Vous êtes extraordinaires! Je vous aime tellement. Vous me manquez énormément. J'avance dans ma lumière grâce à vos nombreuses prières et aux belles choses que vous racontez sur moi. Je ne me lasse pas de vous écouter. Maman, je t'aime. Pam, hé! ho! Je suis encore là, voyons! Et papa, tu seras la meilleure personne qui m'a été donné de rencontrer sur la terre.»

TON ANGE AIMERAIT TE DIRE :

«C'est moi qui suis là, près de toi. Si tu ressens une chaleur ou une pression au moment même où tu lis ces lignes, c'est que tu me perçois bien. Bravo! Essaie à d'autres moments dans la journée de me ressentir, exerce-toi et je referai les gestes auxquels tu es le plus sensible. Moi aussi je veux que nos communications fonctionnent.»

Message de :

RANDY

(DÉCÉDÉ EN 2002)

«Allo! Content de vous parler! Ça fait drôle d'utiliser cette façon. Je m'ennuie de ma famille et de mes amis. Maman, quand tu me parles, je t'entends, tu me parles avec ton cœur. Ta colère est finie et je suis content, vraiment! Ça me fait du bien. Je vais toujours être avec toi et je t'aime, ma belle maman.»

TON ANGE AIMERAIT TE DIRE :

«Parfois, tu sembles croire que c'est difficile de me parler ou de me comprendre. Place-toi en position de méditation et sois patient. Le moindre changement que tu sentiras sera une indication d'évolution vers une meilleure communication avec moi. Si tu es capable de te souvenir de tes rêves, utilise-les pour me parler.»

Message de :

GAÉTAN GIROUARD

«Le message s'adresse à mes filles surtout et à ma femme. J'ai enfin trouvé la lumière. Cela n'a pas été facile pour moi, il a fallu que j'arrive à faire face à mes démons intérieurs. Je sais que cela vous a causé bien des problèmes et bien plus. L'important c'est que j'y suis enfin arrivé et que je suis près de vous maintenant. J'espère que vous me pardonnez cette absence prolongée. Je vous aime.»

TON ANGE AIMERAIT TE DIRE :

«Ne sens-tu pas que lorsque tu abandonnes, la solution ne se trouvait qu'à quelques pas de toi? La patience est une force qui grandit au fur et à mesure qu'on la pratique. Tu dois savoir écouter ta petite voix, qui elle, peut te guider vers cette patience.
Consulte autour de toi, tu verras. Ceux qui ont réussi sont ceux qui ont le plus de patience.»

Message de :

CLAIRE ET ODILE

«[*Rires*] C'est nous! Bonjour à toi qui lis ce message. On est contentes de t'avoir retrouvée. On essaie toujours de te faire des signes, mais tu es, disons, distraite! Surveille les oiseaux et les papillons, c'est notre marque de commerce. [*Rires*] Nous veillons sur toi et voulons te dire qu'on t'a réservé une place entre nous deux pour la journée où tu seras prête à venir nous rejoindre.»

TON ANGE AIMERAIT TE DIRE :

«Que dirais-tu de me parler,
de me confier tes soucis, sans rien
attendre de moi? Tu pourrais être
surpris des résultats.
Essaie, voir! Bien souvent,
tes déceptions proviennent
d'attentes trop élevées que tu mets
en toi et sur les autres.
Demande l'essentiel de ce que
tu veux, comme cela, tu en auras
toujours plus et tu croiras que
la vie est belle.»

Message de :

MUSICIEN (GUITARE ET CLAVIER)

«Hi everybody! C'est cool, je peux jouer autant de musique et faire autant de bruit que je veux! Maman, je sais qu'aujourd'hui tu souhaiterais que je te casse les oreilles, mais ce n'est plus possible. Je me suis assagi beaucoup. Ta peine, au début je ne voulais pas la voir, mais maintenant, quand tu pleures trop fort, je prends ma guitare et je te joue une belle ballade. Ton âme se calme et tu réussis à t'endormir. Bientôt, on pourra se voir dans tes rêves.»

TON ANGE AIMERAIT TE DIRE :

«Toutes les réponses se trouvent au fond de toi. Descends, je te tiens par la main. Quand tu auras trouvé ce que tu cherches, secoue ma main, je t'aiderai à remonter. Dieu nous a tous faits égaux avec chacun un ange afin de ne pas nous laisser complètement seuls pour trouver ces réponses. Il te faut apprendre à croire davantage en toi.»

Message de :

JEUNE FILLE ASSASSINÉE

«J'ai fait la paix avec la manière dont je suis décédée. Je souffre bien plus de vous voir continuer à entretenir de la haine et de chercher à vous venger. Je prie pour vous et je flotte dans votre maison. Je ne suis pas pressée, je vous comprends et je veux vous aider à passer au travers cette tragédie. Mais j'espère qu'à la lecture de ce message, vous serez de mon côté et passerez dans la lumière pour avoir un peu de paix dans votre cœur.»

TON ANGE AIMERAIT TE DIRE :

«Que tu sois en train de lire ce message est déjà en soi une preuve de mon existence. Car je voulais que tu saches que j'existe vraiment. Maintenant, si tu es prêt à m'écouter, j'ai plein de choses à te dire. Je ne sais pas encore quel outil je vais utiliser, mais celui-ci en était un bon! Maintenant, partons à la recherche d'un autre.»

Message de :

BERNADETTE (SŒUR?)

«Je vous embrasse bien fort. J'étais bien curieuse de savoir qui serait là à mon arrivée au paradis, car je voulais être au paradis, c'est maman qui est arrivée la première, suivie de ma sœur Berthe. Maintenant, je m'amuse comme une petite folle. J'ai retrouvé ceux que j'aimais, il ne manque que vous autres. C'est bon de pouvoir vous donner des nouvelles de cette façon.»

TON ANGE AIMERAIT TE DIRE :

«Les erreurs font partie du chemin
de la vie. Sans elles, comment
ferais-tu pour savoir que tu es à
la bonne place? Relève-toi
et recommence en prenant une
nouvelle direction. Ajuste-toi avec
ce qui est dans ta vie avant de tout
changer d'un seul coup.
Il y a toujours du bon à retirer
de nos erreurs, alors vérifie
dès maintenant.»

Message de :

JEAN-CLAUDE

«C'est à mon tour de parler! J'attendais ce moment avec grande impatience! Je vais bien et je suis finalement bien content d'avoir lâché prise du plan terrestre. Ici, tout est facile et je peux vous surveiller… euh, vous voir. [*Rires*] Ne vous inquiétez pas, je veille aussi sur les petits. Mon amour, je pense toujours à toi et je suis là chaque fois que tu me parles.»

TON ANGE AIMERAIT TE DIRE :

«Fais attention à ce que tu te dis et à la façon dont tu parles de toi aux autres. Tu es la personne la plus importante qui soit en cet instant, alors élève-toi! Nous sommes deux dans cette situation, si tu te félicites, tu me félicites, si tu t'abaisses, tu m'abaisses.
Je suis avec toi en toutes circonstances.»

Message de :
VIVIANE

«Robert, je veux bien évoluer dans la lumière, mais j'ai aussi besoin de tes prières et de ton amour. Je comprends qu'il te reste bien des choses à faire sur la terre, mais parfois j'ai la sensation désagréable de perdre la notion terrestre et je m'envole très loin. Je me sens bien, mais mes pensées me ramènent à toi. Les petits chéris, embrassez-les pour moi.»

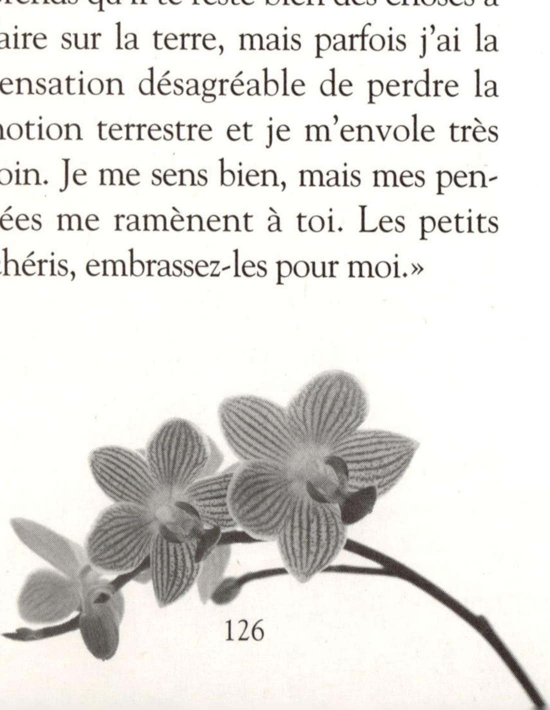

TON ANGE AIMERAIT TE DIRE :

«Le matériel de ta vie terrestre te sert à accomplir une partie de ta mission que seules les émotions ne pourraient faire.
Prends soin des choses qui t'entourent et ne les gaspille pas. N'en consomme pas trop non plus, car tu vas perdre l'essentiel de ton passage sur terre. Ici, dans notre monde spirituel, ce matériel n'existe plus, donc les questions d'origine matérielle ne concernent que toi.»

Message de :

TI PAULO

«Je voudrais dire à tous ceux qui pensent à moi, merci. Merci pour vos prières et vos intentions. Je suis bien entouré là où je suis. Je suis près de maman et je lui fais des prières à mon tour. La vie est belle quand on la voit d'en haut. J'ai bien sûr quelques regrets, mais rien qui me donne l'envie de retourner vous rejoindre. [*Rires*]»

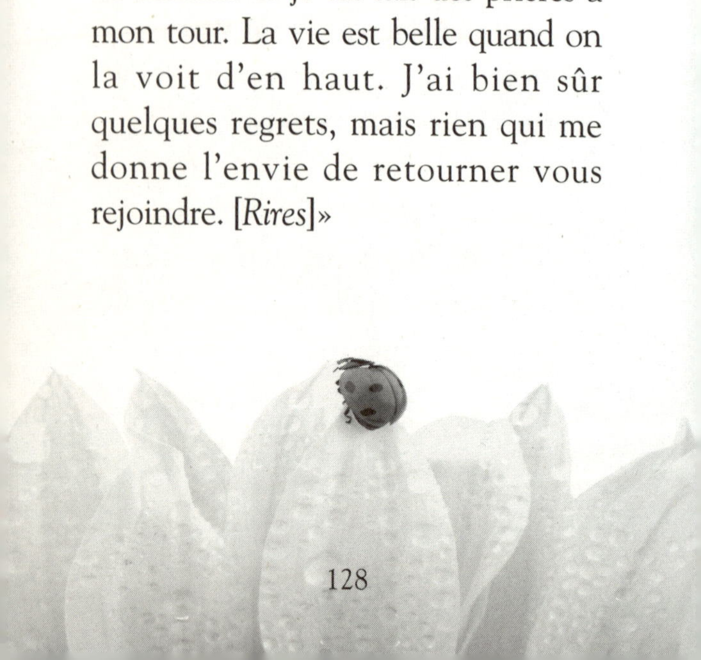

TON ANGE AIMERAIT TE DIRE :

«La terre est ton amie.
Elle t'offre sa chaleur, ses océans,
ses merveilleux décors, son accueil.
À toi maintenant d'en profiter et
de la remercier. Toi, tu es ici et moi,
je suis dans mon univers.
Mais nous sommes en communion
tous ensemble. Utilise tout ce
que la terre a à t'offrir pour avancer
dans ta quête spirituelle.»

Message de :

PAPA ET MAMAN

«Chère fille, que de temps tu nous as consacré! Que de soins tu nous as prodigués! Nous sommes maintenant ensemble dans la lumière et nous veillons sur toi. Tu as épuisé tes énergies à courir les hôpitaux et les centres de réadaptation. Quand nous en avons assez d'accumuler [énergie], nous allons à ta rencontre pour la partager avec toi. Cette chanson que tu entends et qui te fait penser à nous, c'est bien notre petit signe!»

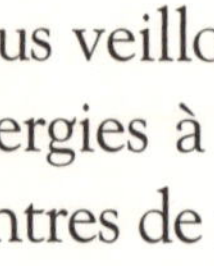

TON ANGE AIMERAIT TE DIRE :

«Encore un peu de patience.
Ce que tu veux aujourd'hui arrivera
quand tu seras prêt à le recevoir.
En attendant, médite sur ton besoin
réel. Combien de choses peuvent
traverser notre esprit et être
inutiles? Ton mental a besoin
d'ordre, il a besoin d'être relié
à ta conscience, ton âme.
Il s'amuse parfois avec tes émotions,
surveille-le bien.»

Message de :

RICHARD

«Ma biche, l'amour ne se termine pas avec l'enterrement du corps humain. Il se poursuit bien au-delà de la vie. Bien au contraire, ce sentiment à ton égard n'a fait que grandir depuis mon départ. Je sais que nous n'étions pas parfaits ni un ni l'autre, mais lorsque je regarde notre cheminement ensemble, je vois que nous avons été pas mal bons l'un envers l'autre. Je t'aimais, je t'aime et je t'aimerai toujours.»

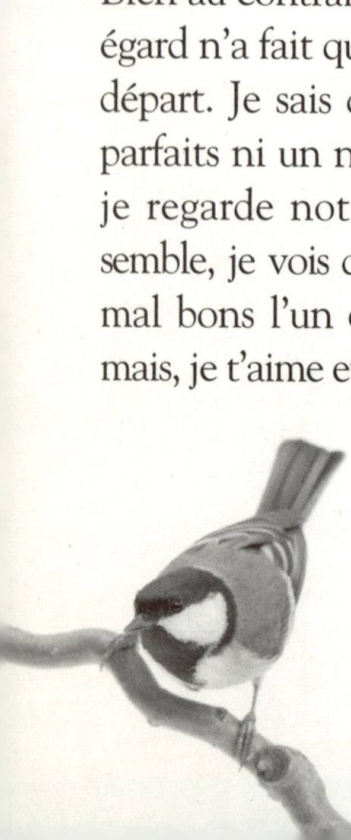

TON ANGE AIMERAIT TE DIRE :

«Vers où la vie te mène-t-elle?
Que choisis-tu aujourd'hui?
Car ce que tu fais aujourd'hui
préparera ton demain.
C'est pourquoi il est important que
tu te concentres sur tes pensées et
tes actions du moment présent.
Ces petits signes de la vie, c'est
aussi moi qui te les envoie.
Regarde bien autour de toi,
il y en a beaucoup,
de ces petits signes!»

Message de :

GRAND-MAMAN AUX MARGUERITES

«Quand je me suis réveillée de ce côté-ci, je ne le croyais pas, il a fallu que je me pince pour le croire! C'est aussi quand je vous ai tous vus réunis autour de ma tombe que j'ai compris que tout était enfin fini! Non pas que je voulais vous quitter, mais je voulais bien quitter ce corps qui m'a fait tant souffrir dans les derniers temps. Aujourd'hui, je voyage comme jamais, pas le temps de m'arrêter et surtout pas le goût. [*Elle me fait un clin d'œil.*]»

TON ANGE AIMERAIT TE DIRE :

«Je sais que ce n'est pas toujours comme tu le voudrais. Mais tout peut changer. Il faut commencer par toi. Oui, oui, par toi! Si toi tu changes, le reste va changer. On ne peut vouloir que les autres changent sans que nous fassions notre part. Lorsqu'on change, c'est comme s'il y avait de la magie dans l'air.»

Message de :

HOMME S'ADRESSANT À UNE AMBULANCIÈRE

«Merci d'avoir tout fait pour me sauver la vie. Bien que je sache que c'est votre métier, toi tu le fais avec beaucoup plus de témérité que bien d'autres. Je te voyais d'en haut appuyée sur tes deux mains essayer de me faire revenir et comptant à voix haute l'intervalle entre tes poussées. Tu détestes quand ça tourne mal et tu es plusieurs jours avant de t'en remettre. Ne lâche surtout pas, c'est pour toi que je suis venu livrer ce message.»

TON ANGE AIMERAIT TE DIRE :

«L'amour est la plus puissante des émotions, et c'est une des seules que nous ayons amenées sur cette terre. L'amour et la compassion. Sers-toi de celles-ci aussi souvent que tu le voudras, tu verras, ça aussi, c'est de la magie.
Parler avec amour, penser avec amour, fonctionner avec amour, c'est tellement simple.»

Message pour :

MA FEMME

«Je te demande pardon. Pour toute la violence que je t'ai faite. Là où je suis, j'ai compris. J'étais malade et je refusais de le voir. Tu as tout fait pour m'aider et moi de mon côté je t'ai fait beaucoup de mal. Physiquement et psychologiquement. Je suis encadré par des guides de lumière qui m'aident à réparer tout ce mal. Si tu perçois des odeurs de fleurs, c'est moi. Si tu rêves à des fleurs, c'est encore moi. Grâce à ces fleurs, je peux t'envoyer un peu de mon énergie positive.»

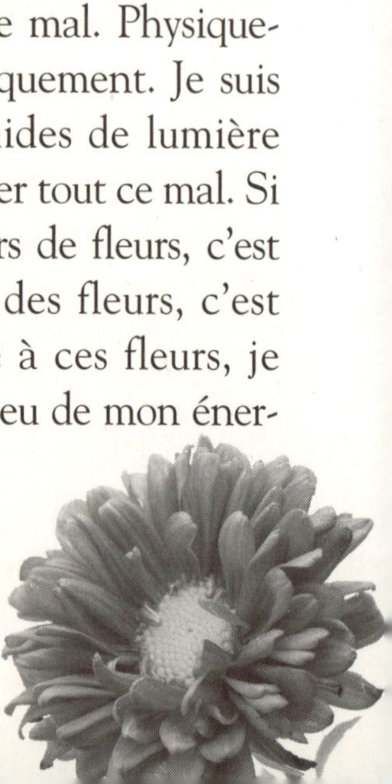

TON ANGE AIMERAIT TE DIRE :

«S'ouvrir aux autres n'est pas
un signe de faiblesse, au contraire.
Tu peux choisir à quelle personne
tu veux t'ouvrir. Si tu veux qu'elles
te comprennent et te fassent
une place dans leur vie,
il te faut apprendre.
Cela te permettra de rencontrer
des gens comme toi qui parlent
avec leur ange gardien!»

CONCLUSION

J'espère du plus profond de mon cœur que les esprits auront pu, grâce à ce livre, transmettre leurs messages à leurs proches. C'était le but de ce recueil. Si certains de ces messages vous ont rejoint d'une manière quelconque, faites-le-moi savoir!

Utilisez-le souvent pour demander conseil à vos guides ou à votre ange gardien.

Pour compléter votre lecture concernant la vie après la mort, ou retrouver d'autres messages canalisés auparavant, je vous suggère mes autres livres:

Les morts nous donnent signe de vie

Nos morts ont besoin de nous pour avancer dans la lumière

Comment développer vos dons

Nos morts reviennent nous voir

ET À PARAÎTRE DANS LA MÊME COLLECTION:

Prières pour ceux qui nous ont quittés

Rituels et cérémonies de passage

MARYLÈNE COULOMBE donne des conférences partout au Québec. De plus, elle offre des ateliers à sa boutique ésotérique et spirituelle.

Vous pouvez suivre ses activités sur les sites internet suivants:

lamaisonduverseau.com
marylenecoulombe.com
agencelumiere.ca

Téléphone:
514 522-7383

Facebook:
Fanclub de Marylène Coulombe

Imprimé au Canada.